BEI GRIN MACHT SICH IHR
WISSEN BEZAHLT

AF137327

- Wir veröffentlichen Ihre Hausarbeit,
  Bachelor- und Masterarbeit

- Ihr eigenes eBook und Buch -
  weltweit in allen wichtigen Shops

- Verdienen Sie an jedem Verkauf

Jetzt bei www.GRIN.com hochladen
und kostenlos publizieren

GRIN

Dienstleistung und Service Management. Kapazitätsentscheidungen, Kommunikationspolitik und Geschäftsfeldstrategien

Johannes Kölmel

Bibliografische Information der Deutschen Nationalbibliothek:

Die Deutsche Nationalbibliothek verzeichnet diese Publikation in der Deutschen Nationalbibliografie; detaillierte bibliografische Daten sind im Internet über http://dnb.d-nb.de abrufbar.

ISBN: 9783346388629
Dieses Buch ist auch als E-Book erhältlich.

Druck und Bindung: Books on Demand GmbH, Norderstedt Germany
Gedruckt auf säurefreiem Papier aus verantwortungsvollen Quellen

Das vorliegende Werk wurde sorgfältig erarbeitet. Dennoch übernehmen Autoren und Verlag für die Richtigkeit von Angaben, Hinweisen, Links und Ratschlägen sowie eventuelle Druckfehler keine Haftung.

Das Buch bei GRIN: https://www.grin.com/document/1006008

Einsendeaufgaben

Dienstleistung und Service Management
Alternative A

abgegeben am 25.03.2020 im Prüfungssekretariat
SRH Fernhochschule

Modul: Dienstleistung und Service Management
Studiengang: Sportmanagement (B.A.)

von
Johannes Kölmel
Studiengang: Sportmanagement (B.A.)

Inhaltsverzeichnis

Abkürzungsverzeichnis

z.B.	zum Beispiel
etc.	et cetera
bzw.	beziehungsweise
PR	Public Relations
bspw.	beispielsweise

A1 – mittelfristige Kapazitätsentscheidungen

Kapazität beschreibt „… das Leistungsvermögen einer wirtschaftlichen oder technischen Einheit – beliebiger Art, Größe und Struktur – in einem Zeitabschnitt".[1] Um die Begrifflichkeit verständlicher zu machen, werden im Folgenden Beispiele für Dienstleistungsunternehmen aufgeführt. Die Kapazität wir definiert als:

- Hotel – Anzahl verfügbarer Betten
- Fitnessstudio – Anzahl Geräte
- Versicherungsberatung – Anzahl Berater

Das bedeutet eine Kapazität beschreibt eine Räumlichkeit, eine Maschine oder einen Mitarbeiter. Es wird unterschieden zwischen langfristigen und mittelfristigen Kapazitätsentscheidungen. Die langfristigen Kapazitätsentscheidungen befassen sich vordergründig mit zukünftigen, größeren Investitionen und Erweiterungsentscheidungen, hingegen sich die mittelfristigen Kapazitätsentscheidungen mit der aktuellen Nachfrage beschäftigen.[2] Mittelfristige Kapazitäten werden mit der Periodeneinheit Tag, Woche und Monat definiert. Die Herausforderung des Kapazitätsmanagements besteht darin, Angebot und Nachfrage in ein Gleichgewicht zu bringen. Die Nachfrage im Dienstleistungsbereich unterliegt oftmals starken Schwankungen und lässt sich dadurch schwierig vorhersagen. Demnach entsteht oftmals ein Mangel der Kapazitäten bei sehr starker Nachfrage oder ein Überschuss der Kapazitäten bei geringer Nachfrage. Ein Überangebot wird auch als Verschwendung beschrieben. Um eine Balance zwischen Angebot und Nachfrage zu erzeugen, muss ein Unternehmen Strategien entwickeln, die zu einer höheren Auslastung in Zeiten geringer Nachfrage führen bzw. mehr Gewinne in nachfragestarken Zeiten generieren.[3]

Es gibt zwei Strategien, die Unternehmen einsetzen können. Die erste Strategie versucht die Nachfrageseite positiv zu beeinflussen. Im nachfolgenden Text wird diese am Beispiel eines Hotelbetriebes veranschaulicht.

Zuerst wird das Instrument der Preisdifferenzierung näher betrachtet. Es ist ein Instrument, welches in Unternehmen regelmäßig angewandt wird. Das Ziel

---

[1] Corsten, H., Gössinger, R. (2015), S.314
[2] Vgl. Pepels, W. (2012), S.43-44
[3] Vgl. Fließ, S. (2009), S.254-256

besteht darin, in nachfrageschwachen Zeiten ein erhöhtes Interesse der Kunden zu wecken, mit niedrigeren Preisen für die gleiche Leistung. Ein Hotel bietet unterschiedliche Preise saisonbezogen an. In Ferienzeiten werden die Zimmer zu hohen Preisen angeboten, da eine starke Nachfrage besteht, hingegen außerhalb der Saison Hotels mit vergünstigten Preisen werben.

Eine weitere Maßnahme, welche die Nachfrage beeinflusst, ist das leistungsprogrammpolitische Angebot. Diese Maßnahme wird eingesetzt in Zeiten geringer Nachfrage. Es werden Angebote speziell für einzelne Zielgruppen erstellt. Bspw. bietet ein Hotel ein romantisches Wochenende zu zweit an. Hier werden lediglich Paare aufmerksam und fühlen sich individuell angesprochen. Ebenfalls kann ein Hotel auf die Zielgruppe „Familie" eingehen und ein Angebot für einen Familienaufenthalt anbieten. Das Ziel ist es, einen Aufenthalt attraktiver darzustellen, um die Kapazitäten auch in auslastungsschwachen Zeiten maximal auszulasten und den größtmöglichen Gewinn zu erzielen.

Außerdem arbeiten Dienstleistungsunternehmen im Kapazitätsmanagement mit Reservierungssystemen. Diese erleichtern es den Unternehmen, die Nachfrage besser einschätzen zu können und dementsprechend darauf zu reagieren. Deshalb bieten Hotels Reservierungssysteme auf ihren Webseiten an und verlagern somit Dienstleistungen auf ihre Internetseite. Es spart Zeit und Arbeit ein, da eine Reservierung nicht mehr manuell am Telefon gebucht werden muss. Demzufolge kann eine höhere Konzentration auf die anderen Aufgaben gerichtet werden. Die Kunden können früh genug einsehen, ob in ihrem individuellen Wunschzeitraum Zimmer verfügbar sind und sich einbuchen. Aufgrund der frühzeitigen Informiertheit über eine Buchung können die Hotels somit eine bessere Planung der Kapazitäten durchführen.

Ein weiterer Teilbereich, der sich aufzeigt, ist die Gestaltung der Wartezeiten vor Ort. Angewandt auf einen Hotelbetrieb muss eine Unterhaltung geplant sein, wenn das Zimmer eines Kunden noch nicht bezugsfertig ist. Ein Beispiel hierfür könnte sein, dass die Wartezeit mit einem kostenlosen Willkommensdrink in der Hotel-Lobby angenehmer gestaltet wird, ein Aperitif im Hotel-Restaurant angeboten wird oder der Wellnessbereich bereits genutzt werden kann. Das führt dazu, dass die Stoßzeiten entzerrt werden und die Kunden zufrieden sind, obwohl das Zimmer noch nicht bezogen werden kann.

Des Weiteren werben Dienstleistungsunternehmen in nachfrageschwachen Zeitabschnitten mit zusätzlichen Services. So bietet ein Hotel das Angebot des hauseigenen Restaurants ebenfalls für Kunden, die kein aktueller Hotelgast sind, an. Demzufolge wird die Kapazität des Restaurants stärker ausgelastet und es wird ein erster Eindruck des Hotels vermittelt, um möglicherweise neues Kundeninteresse zu wecken. Ein weiterer Service könnte sein, dass Hotels Besprechungsräume gestalten und für Tagungen von Unternehmen anbieten. Solch eine Maßnahme ist sinnvoll, weil dadurch eine größere Reichweite entsteht und demzufolge auch Unternehmer mit geschäftlichen Zwecken als potenzielle Kunden in Frage kommen.

Fortführend wird die zweite Strategie näher beleuchtet. Diese Strategie zielt darauf ab, die Angebotsseite zu beeinflussen. Hierzu werden Maßnahmen ergriffen, die helfen sollen, die kurzfristig auftretenden Nachfrageschwankungen zu beeinflussen und flexibel zu reagieren.

Deutet sich eine maximale Kapazitätsauslastung an, stellen Unternehmen Teilzeitkräfte ein, um den bestmöglichen Service weiterhin zu gewährleisten. Das bedeutet, dass ein Hotel in der Hauptsaison Teilzeitkräfte, wie bspw. Studenten anstellt, um die starke Nachfrage aufzufangen. Ein Problem, welches sich daraus ergibt, ist die geringe Einarbeitungszeit. Die Teilzeitkräfte haben meist nicht viel Zeit, sich im Unternehmen zurechtzufinden und können somit nur Jobs ausführen, bei denen keine großen Fachkenntnisse Voraussetzung sind. Ein Einsatz von Teilzeitkräften bedarf somit rechtzeitiger Planung. Das durchschnittliche Angebotsniveau wird von einem festangestellten Mitarbeiterstamm ausgeführt. Hier gibt es auch sogenannte „Job Hopper" bzw. „Springer". Sie sind vielseitig einsetzbar und können einspringen, wo Bedarf herrscht.

Eine weitere Möglichkeit zur Beeinflussung der Angebotsseite besteht in der Umorganisation. Ist die Auslastung der Kapazitäten am Limit, muss so effizient wie möglich gearbeitet werden. Als Grundlage benötigt es eine Priorisierung der Arbeiten, die notwendig sind, um den Kunden maximal zufrieden zu stellen. Andere Arbeiten werden zunächst nicht beachtet und auf nachfrageschwache Zeiten verlagert. Übertragen auf ein Hotel könnte bspw. eine Anschaffung neuer Computer hintenangestellt werden, da es die Kunden nicht bzw. in sehr geringem

Ausmaß beeinflusst. Ein weiteres Beispiel könnte die Wartung der Geräte im Fitnessraum sein. Der Fitnessraum ist, je nach Publikum, nicht für jeden Gast von Relevanz und in der Prioritätenliste somit im unteren Bereich angesiedelt.[4] Außerdem ist es von Vorteil, in Zeiten starker Nachfrage mit anderen Firmen zu kooperieren. Es besteht die Möglichkeit, sich mit Hotels ähnlichen Konzepts zusammen zu schließen. Ist das Wunschhotel des Kunden ausgebucht, kann ein Verweis zu einem nahezu identischen Hotel folgen. Eine Kooperation mit einem anderen Hotel bringt viele Vorteile mit sich. Das Alleinstellungsmerkmal eines Hotels kommt besser zum Vorschein bzw. was dieses Hotel von anderen abhebt, und es lässt sich eine größere Reichweite erzielen. Das bedeutet eine Kooperation ermöglicht Vorteile im Bereich der Vermarktung.[5] Ebenso können Kooperationen auch mit Firmen anderer Tätigkeitsbereiche geschlossen werden, z.B. mit einem Transportunternehmen für Personen. Manche Hotels bieten einen Abholdienst vom Flughafen bzw. Bahnhof an. Wird eine starke Anreise erwartet, kann ein Abholdienst bei der schnellstmöglichen Beförderung der Personen zum Hotel behilflich sein. Dadurch kann das Hotelpersonal für spezifische Tätigkeiten innerhalb des Hotels eingesetzt werden, um die starke Kapazitätsauslastung zu meistern.

Weiterhin stellt eine Freisetzung der Kapazitäten mittels einer Verlagerung auf Selbstbedienung eine weitere Option zur Beeinflussung der Angebotsseite dar. Den Kunden wird eine größere Verantwortung gegeben, indem sie am Prozess der Leistungserstellung beteiligt werden.[6] So findet in den meisten Fällen ein Frühstück im Hotel per Selbstbedienung statt. Es gibt eine große Auswahl an Speisen und Getränken, und die Kunden können sich selbst ihr Wunschfrühstück zusammenstellen. Die Gäste können ihre eigene Geschwindigkeit wählen und sind nicht an eine Bedienung angewiesen und somit sind von Seiten des Hotelpersonals lediglich Bedienungen zum Aufbau und Abräumen einzuteilen.

Befindet sich ein Dienstleistungsunternehmen in einer Phase mit geringer Kapazitätsauslastung, können Maßnahmen ergriffen werden, die zur Weiterentwicklung bzw. Förderung der Dienstleistungsqualität führen. Die Mitarbeiter eines Hotelbetriebs können an Seminaren teilnehmen, um das Wissen zu erweitern und sich weiterzubilden. Ebenso besteht die Möglichkeit,

---

[4] Vgl. Fließ, S. (2009), S. 255-257
[5] Vgl. Steinhauser, C. (2014), (26.11.2019, 11:10)
[6] Vgl. Lovelock (1984), S.330-336)

8

den Mitarbeitern Urlaub zu gewähren, um erholt und mit frischer Energie wieder zurück zu kommen für Zeiten stärkerer Auslastung. Als letzter Punkt bleibt in solchen Phasen Zeit für Reparatur- und Wartungsarbeiten, Instandsetzungsmaßnahmen sowie für die Optimierung von Betriebsabläufen. Nicht zu vergessen ist fortlaufend die Verbesserung der digitalen Performance (Webseite, Facebook, Instagram etc.).[7]

An diesen Beispielen lässt sich ableiten, dass es viele Möglichkeiten zur Beeinflussung der Angebots- und Nachfrageseite gibt. Diese Möglichkeiten erfordern Flexibilität und Kreativität. Dienstleistungsunternehmen stellt sich die große Herausforderung, die Instrumente beider Strategien zu verbinden, um eine erfolgreiche Kapazitätsstrategie auszuarbeiten.

Am Beispiel eines Hotels lässt sich ein effektives Kapazitätsmanagement erkennen. Hier wird das Instrument der Preisdifferenzierung (Haupt-, Nebensaison), die Reservierungssysteme, welche den Prozess vereinfachen und weitere komplementäre Leistungen für größere Kundenzufriedenheit auf der Nachfrageseite angeboten. Im gleichen Prozess wird auch die Angebotsseite aktiv miteinbezogen. Als Maßnahmen werden die Einstellung von Teilzeitkräften in Spitzenzeiten, die Einbindung von Kooperationspartnern (andere Hotels), um die Reichweite zu vergrößern und über mehr Kapazität zu verfügen, sowie das Verlagern der Servicetätigkeiten auf Selbstbedienung (Frühstücksbuffet) und die Erstellung einer Prioritätenliste (Tätigkeiten, welche den Kunden zufrieden stellen) ergriffen. Solch ein ausgearbeitetes Konzept bringt eine erfolgversprechende Planung und eine Erhöhung der Dienstleistungsqualität mit sich.

Letztendlich ist festzustellen, dass es von immenser Wichtigkeit ist, die Erwartungen der Kunden an die Kapazitäten zu erforschen und darauf einzugehen. Die Kunden beurteilen die Kapazität anhand von Erfahrungen aus der Vergangenheit und ihrer individuellen Erwartungen an die Kapazitätsgestaltung. Dahingehend sind die oben aufgeführten Ziele zu beachten und zu verfolgen, damit sie erreicht werden und schlussfolgernd der Kunde zufrieden ist.[8]

Vgl. Fließ, S. (2009), S.258
[8] Vgl. Corsten, H., Gössinger, R. (2015), S.321-322

A2 – Kommunikationspolitik

Die Kommunikationspolitik ist heutzutage ein wichtiges Instrument zur Erreichung des größtmöglichen Unternehmenserfolges. Das Ziel ist es, die Kommunikation so einzusetzen, dass Meinungen, Einstellungen, Erwartungen und Verhaltensweisen der Mitarbeiter oder Kunden beeinflusst werden. Daraus folgend sollen Absatz- und Umsatzzahlen sowie Deckungsbeitrags- und Gewinnveränderungen maximiert werden. Hierbei werden verschiedene Kommunikationsinstrumente eingesetzt, wie z.b. Sponsoring, Auftritte auf Messen und Ausstellungen, persönlicher Verkauf, klassische Werbung etc., um die unterschiedlichen Zielgruppen eines Unternehmens zu erreichen und die eigenen Leistungen veranschaulicht darzustellen.[9]

Im folgenden Abschnitt werden die Herausforderungen der Kommunikationspolitik eines Dienstleistungsunternehmens geschildert und mit Hilfe von Beispielen belegt.

Die größte Herausforderung liegt darin, dass eine Dienstleistung, anders als ein Sachgut, frühestens bei der Erstellung bzw. vereinzelt erst nach der Erstellung der Dienstleistung bewertet werden kann. Somit gestaltet es sich schwierig, einen Eindruck über die Qualität zu vermitteln.[10]

Ein Hotel kann durch Hinweise auf die sehr komfortablen Matratzen und Betten einen Eindruck über die Fähigkeiten verschaffen. Ebenso wird mit Hilfe von positiven Rezensionen bei renommierten Bewertungsportalen wie „Tripadvisor" eine positive Stimmung bei potenziellen Kunden erreicht und das Kaufverhalten beeinflusst. Außerdem sollten vor Ort Zertifikate und Auszeichnungen sichtbar aushängen, um dem Kunden zu vermitteln, dass man überzeugt ist von der eigenen Leistung und sich Qualitätstest unterzieht.

Eine weitere Herausforderung ist die Integration des externen Faktors. Das bedeutet, dass der Kunde am Verlauf der Dienstleistungserstellung mitwirkt, in Form von sich selbst oder seines eigenen Objektes, an dem die Dienstleistung ausgeführt werden soll. Jede Dienstleistung wird also durch einen fremden Faktor mitbestimmt. Der Dienstleister kann seine Dienstleistung nicht ohne den Nachfrager ausführen und muss, um sich von der Konkurrenz abzuheben, Zusatzmaßnahmen anbieten. Eine Zusatzmaßnahme könnte sein, dass ein Hotel

---

[9] Vgl. Bruhn, M. (2019), S.3-5
[10] Vgl. Corsten, H., Gössinger, R. (2015), S.266-267

einen Abholservice vom Bahnhof und Flughafen anbietet, um die Personen nach Ankunft schnellstmöglich zu befördern.

Jedoch gestaltet es sich aufgrund der Integration des externen Faktors problematisch, den Leistungserstellungsprozess zu standardisieren. Hierzu erfolgt in den meisten Fällen nur eine Konzentration auf die internen Faktoren. Z.B. werden in Werbesports von Fluggesellschaften lediglich Stewardessen gezeigt oder bei einer Friseurwerbung nur der Friseur mit einer Schere in der Hand. Hierbei wird der externe Faktor nicht in Betracht gezogen.

Andererseits lassen sich aufgrund des externen Faktors während des Erstellungsprozesses Kommunikationsmaßnahmen bestens nutzen. So kann ein Hotel ein Upgrade der Kissen anbieten, um die Schlafqualität zu erhöhen. Genauso können zusätzlich Massagen und Wellness-Angebote beworben werden, um den Kunden zu verwöhnen. Außerdem kann der Abnehmer durch eine stilvolle Einrichtung und angenehme Musik zufriedengestellt werden. Folglich entsteht dadurch eine enge Beziehung zwischen dem Kunden und den Mitarbeitern, woraus eine langfristige Treue entstehen kann.

Die dritte Herausforderung der Kommunikationspolitik ist die Immaterialität einer Dienstleistung. Sie ist für Kunden nicht greifbar, nicht lagerfähig bzw. nicht speicherfähig und kann nicht transportiert werden. Daher ist es äußerst schwierig, dem Kunden die Leistung genau zu erklären. Jedoch werden einfache Maßnahmen ergriffen, um dem Kunden die Leistung zu veranschaulichen und greifbar zu machen. Z.B. werden in Fachzeitschriften Leistungselemente abgebildet, wie ein eingerichtetes Hotelzimmer oder das TÜV-Siegel auf Autos, nachdem sie erfolgreich geprüft wurden.

Darüber hinaus muss auf eine kurzfristige Nachfrage reagiert werden können. Hierzu bedarf es einer funktionierenden Organisation, welche z.B. ausgebuchte Optionen kommuniziert und Angebote für andere Optionen mitteilt. Sind alle Hotelzimmer einer bestimmten Kategorie ausgebucht, könnte auf Zimmer einer alternativen Kategorie verwiesen werden.

Eine weitere Aufgabe, die sich durch die Immaterialität ergibt, ist die Kapazitätsaufteilung. Mit Hilfe von Reservierungssystemen können Dienstleister aktiv werden und die Kunden im Voraus informieren, um Wartezeiten zu minimieren bzw. zu vermeiden.

Zusammenfassend dienen die Zusatzmaßnahmen dazu, dass die Aufmerksamkeit der Kunden geweckt wird und ein besserer Eindruck über die Qualität entsteht. [11]

A 2.1 Kommunikationspolitik am Beispiel ‚Friseur'

Im folgenden Teil wird eine Kommunikationspolitik am Beispiel eines Friseurs erstellt. Es werden die Kommunikationsziele gesteckt, die Zielgruppen analysiert und eine Übersicht über die Instrumente gegeben.

Ein Friseur spricht jede Zielgruppe an. Egal welches Budget zur Verfügung steht, egal ob männlich oder weiblich, egal ob jung oder alt etc., besuchen die meisten Menschen regelmäßig einen Friseur. Anhand dessen sind zuerst die Ziele zu formulieren, die mit Hilfe der Kommunikationspolitik erreicht werden sollen.

Erstrangig verfolgt ein Friseur die Ziele ein aufmerksamkeitserregendes Unternehmensbild abzugeben, eine Bekanntheitssteigerung zu bewirken, ein positives Image zu schaffen sowie die gewünschte Unternehmenspositionierung im Markt zu erreichen. Dafür sind die Instrumente festzulegen, die für die Umsetzung benötigt werden, welche zu unterteilen sind, in Unternehmens-, Marketing- und Dialogkommunikation. Neben den ökonomischen Zielen sind in der Kommunikationspolitik vor allem psychologische Ziele festzulegen. Diese werden ebenfalls in kognitive, affektive und konative Ziele unterteilt. Umgesetzt werden sie mit Kommunikationsinstrumenten, wie der Öffentlichkeitsarbeit (PR), dem Sponsoring, der Mitarbeiterkommunikation und der Mediawerbung. In den nachfolgenden Absätzen werden die Ziele genauer erläutert.

Als Erstes werden die kognitiven Ziele näher beleuchtet. Kognitive Ziele beziehen sich darauf, dass der Kunde in Bezug auf das Wissen über die Dienstleistung positiv beeinflusst wird. Der Friseursalon möchte so viel Aufmerksamkeit wie nur möglich erregen, um seinen Salon und die angebotenen Dienstleistungen wahrnehmbar für den Kunden darzustellen. Das Wissen über die eigentliche Leistung, nämlich ‚dem Haareschneiden', soll erweitert werden mit Erläuterungen über Produktinnovationen. Diese können bspw. sein: ein Haartrockner mit

---

[11] Vgl. Meffert, H., Bruhn, M., Hadwich, K. (2018), S.32-33

neuester Technologie, der die Haare schützt, die Pflege der Haare mit hochwertigen Produkten, welche im Salon angeboten werden und dem Einsatz von einer Pflegespülung, welche einen Vorher-Nachher-Unterschied aufzeigt. Dadurch verknüpft der Kunde automatisch positive Informationen und Ereignisse mit dem Salon und bewertet die Dienstleistungsqualität höher. Resultierend daraus entsteht eine bessere Erinnerung an den Markennamen und eine erhöhte Differenzierungsfähigkeit gegenüber der Konkurrenz.

Umgesetzt werden die kognitiven Ziele mit Hilfe der Instrumente Öffentlichkeitsarbeit und Corporate Sponsoring. Die Instrumente sind wegen der Immaterialität der Dienstleistung von immenser Wichtigkeit. Sie verfolgen die Kommunikation der Firmenmarke, das Ziel der Imageverbesserung und sorgen für eine Stärkung der Beziehung zu unternehmensrelevanten Personen. Ebenso tragen sie zu einem verminderten Kaufrisiko bei und vereinfachen eine Visualisierung der Leistungen. Das heißt, der Salon stellt Geld, Produkte oder die eigene Dienstleistung für Werbemaßnahmen zur Verfügung.

Dahingehend könnten folgende Handlungen in Bezug auf die Öffentlichkeitsarbeit und das Corporate Sponsoring effektiv sein. Der Friseur könnte sich sozial engagieren und Geld sowie Produkte spenden oder an Veranstaltungen jeglicher Art, wie bspw. Messen, teilnehmen und freiwilligen Passanten einen kostenlosen Probehaarschnitt anbieten, um die Visualisierung der Dienstleistung zu erleichtern.

Als Nächstes sind die affektiven Ziele zu nennen. Sie beschäftigen sich mit dem Interesse und den Emotionen der Kunden. Aufgrund der großen Bedeutung des äußeren Unternehmensbildes bei Dienstleistungsanbietern wird das Ziel der Imageverbesserung großgeschrieben. Daher ist für den Friseursalon darauf zu achten, dass Kunden, Mitarbeiter und Öffentlichkeit eine positive Einstellung zum Salon haben. Diese wird geschaffen durch eine klare Produkt- und Markenpositionierung am Markt, damit ein Unterschied gegenüber der Konkurrenz festzustellen ist. Angepasst an die aktuelle Situation hinsichtlich des Klimawandels könnte eine Aufwertung des Images mit der ausschließlichen Verwendung von natürlichen, pflanzenbasierenden und veganen Pflegeprodukten hervorgerufen werden.

Des Weiteren soll der Kunde auf emotionaler Ebene den Friseurbesuch erleben. Somit ist es von Wichtigkeit, dass der Kunde mit dem Service, dem Geruch der Produkte, dem Ambiente und letztlich mit dem Ergebnis der Dienstleistung zufrieden ist. Nur dann ist ein positives, emotionales Erlebnis gewährleistet, weil der Kunde das Ergebnis in Verbindung mit emotionalen Elementen, wie Lebensfreude, Lifestyle, Glamour etc. setzt.

Ist der Friseurbesuch ein Erlebnis, steigt auch die Glaubwürdigkeit des Unternehmens, ein weiterer Baustein der affektiven Ziele.[12] Wird der Kunde freundlich begrüßt, kompetent beraten und hat das Gefühl, die Mitarbeiter gehen auf seine Wünsche ein, so baut er ein Vertrauen zum Unternehmen und deren Leistungen auf. Hier findet die Dialogkommunikation ihren Einsatz. Interaktion zwischen Friseur und Kunde ist zur Dienstleistungserstellung notwendig und spielt eine wichtige Rolle. Die Kundenkommunikation hat somit direkte Auswirkungen auf das Verhältnis der Kundenbeziehung. Vom Dienstleister ist demnach ein sympathisches und souveränes Auftreten gefordert und ein höflicher Sprachstil zu wählen. Dem Kunden wird frei überlassen, ob er sich unterhalten möchte oder nicht. Während der Haarbehandlung ist dem Kunden zu erklären, wie er zu Hause für ein optimales Ergebnis seiner Frisur beitragen kann, z. B. Haarspray verwenden, um den Look zu fixieren. Der Kunde steht immer im Mittelpunkt und es ist stets auf seine Interessen aktiv einzugehen.[13]

Zuletzt sind die konativen Ziele festzulegen. Sie wollen den Kunden animieren, die Dienstleistung zu erwerben und auf das Informationsverhalten einwirken. Der Friseur möchte Kunden an das eigene Unternehmen binden und zu einer Kaufabsicht bewegen. Bei einer langfristigen Bindung erhofft er sich positive Mund-zu-Mund-Propaganda und die Vermittlung eines erfolgreichen Unternehmensbildes. Die Kommunikationsinstrumente, die zur Erreichung der Ziele verwendet werden, sind Mediawerbung, Verkaufsförderung und Event Marketing.

Die Mediawerbung wird über Plattformen wie Internet, Zeitungen und Zeitschriften in Form von Online-, Plakat- oder Printwerbung geschaltet. Der Friseur kann bspw. Vorher-Nachher-Bilder abbilden lassen, um dem Kunden

---

[12] Vgl. Meffert, H. et al. (2018), S. 317-321
[13] Vgl. Meffert, H. et al. (2018), S. 327-328

einen besseren Eindruck zu vermitteln. Die Auswahl der Zeitungen und Zeitschriften sollte sich auf die Region des Salons beschränken, um die in Frage kommenden Kunden zu erreichen.

Folglich trägt auch die Verkaufsförderung zur Zielerreichung bei. Es werden Maßnahmen getätigt wie z.b. das Verschenken einer Haarmaske bei fünf Besuchen, ein Gewinnspiel, bei dem ein kostenloser Haarschnitt zu gewinnen ist, die Ermäßigung der Preise bei Studenten- oder Seniorenstatus etc., um eine positive Stimmung gegenüber dem Unternehmen hervorzurufen.

Außerdem ist das Event Marketing als entscheidendes Instrument zu erwähnen. Der Friseur veranstaltet Events, um Kundennähe zu schaffen. Die Zielgruppen können mit den Mitarbeitern in Dialog treten und eine individuelle Beratung bekommen, sowie Informationen über neue Angebote und Produkte sammeln.

Eine weitere Möglichkeit, Marketing zu betreiben, besteht über die Social-Media-Kanäle wie Instagram, Facebook oder die eigene Webseite etc.. Der Friseur kann bekannte Influencer einladen und sie bitten, ein Bild zu posten, mit einer Verlinkung des Friseurprofils. Aufgrund der hohen Anzahl an Abonnenten erlangt das Bild in Kürze immense Reichweite, und der Friseursalon erregt neues Kundeninteresse. Durch die Digitalisierung ist ein Social-Media-Auftritt mittlerweile unerlässlich und weist Kunden auf ein modernes Unternehmen hin.[14]

---

[14] Vgl. Meffert, H. et al. (2018), S.323-327

A3 – Geschäftsfeldstrategien

Eine Geschäftsfeldstrategie dient dazu, dass die Unternehmens- und Marketingziele erreicht werden. Dazu wird ein bedingter, langfristiger und globaler Plan erstellt, der auf internen Zielen basiert, um individueller auf die Nachfrager eingehen zu können. Dementsprechend ist eine solche Strategie als Verbindung zwischen den Unternehmenszielen und der Maßnahmenplanung einzuordnen.

Um eine Geschäftsfeldstrategie zu erstellen, muss ein Unternehmen mit Hilfe einer Marktabgrenzung zuerst den relevanten Markt feststellen. Es ist sinnvoll, eine Feststellung aus Sicht der Kunden mit dem Konzept der subjektiven Austauschbarkeit zu erschließen. Hierbei werden Leistungen untersucht, welche aus Kundensicht als ersetzbar empfunden werden, um so den relevanten Markt zu definieren. Sobald der relevante Markt festgelegt wurde, wird er in strategische Geschäftsfelder aufgeteilt, das heißt, er wird in Unterkategorien aufgegliedert, um auf die Teilbereiche detaillierter einzugehen. Das ermöglicht die Entwicklung individueller Strategien und Maßnahmen innerhalb der abgegrenzten Geschäftsfelder, um punktgenau den Kunden anzusprechen. Insgesamt sollen die Geschäftsfelder den kompletten Geschäftsbereich eines Unternehmens darstellen. Dadurch besteht die Aufgabe für jedes Geschäftsfeld, Kundenstrategien und marktbearbeitungsspezifische Optionen sowie marktteilnehmerbezogene Verhaltensstrategien aufzustellen und die dazu benötigten Marketinginstrumente zu benennen. Damit soll die Wahrscheinlichkeit steigen, die Unternehmensziele zu erreichen. Jedes abgegrenzte Geschäftsfeld soll eine eigene Marktaufgabe besitzen, unabhängig von anderen Geschäftsfeldern sein und zur Steigerung des Erfolgs beitragen.

Wie wird ein Geschäftsfeld abgegrenzt?

Ein Geschäftsfeld abgrenzen bedeutet das Aufteilen des Gesamtmarkts in strategische Felder. Im Bereich der Dienstleistungen wird nach drei Typen der Geschäftsfeldabgrenzung unterschieden. Das sind die ein-, zwei- und dreidimensionalen Abgrenzungen.

Die eindimensionale Abgrenzung eines Betätigungsfeldes wird jedoch in der Literatur als nicht mehr ausreichend bewertet und findet keine Verwendung mehr. Demnach erfolgt hierzu keine nähere Erläuterung.

Bei der zweidimensionalen Abgrenzung werden Geschäftsfelder nach Leistungen und Abnehmergruppen aufgespalten, was als Produkt-Markt-Kombination bezeichnet wird.

Die umfangreichste Abgrenzung ist die dreidimensionale. Heutzutage wird es stellenweise als nicht genügend angesehen, Aufgaben- und Tätigkeitsgebiete alleine durch Produkt-Markt-Kombinationen zu definieren. Deshalb wird eine Abgrenzung in drei Kategorien durchgeführt. Die dreidimensionale Geschäftsfeldabgrenzung beinhaltet die Bereiche:

- Kundengruppen,
- Funktionen, die zur Zufriedenstellung der Kundenbedürfnisse dienen und
- Technologien, die zur Funktionserfüllung verwendet werden.

Im Dienstleistungsbereich werden die Geschäftsfelder hauptsächlich zweidimensional abgegrenzt. Zur Veranschaulichung einer zweidimensionalen Geschäftsfeldabgrenzung werden im folgenden Abschnitt Beispiele anhand von drei Dienstleistungsunternehmen dargestellt.

Zweidimensionale Geschäftsfeldabgrenzung am Beispiel …

… einer Bank: Bei einer Bank lassen sich die Kundengruppen in drei Kategorien unterteilen. Eine Unterteilung könnte wie folgt aussehen:

- Privatkunden
- Firmenkunden
- Individualkunden

Die zweite Abgrenzung ist durchzuführen in Bezug auf die Leistungen und Produkte einer Bank. Eine beispielhafte Abgrenzung könnte sein:

- Kreditgeschäfte
- Spareinlagengeschäfte
- Wertpapier- und Anleihengeschäfte[15]

… der EnBW: Bei dem Dienstleistungsunternehmen für Strom und Gas könnte eine Aufteilung der Kundengruppen folgendermaßen ausschauen:

- Privatkunden
- Firmenkunden

---

[15] Vgl. Meffert, H. et al. (2018), S.157-161

- Stadtwerke
- Kommunen

Anhand der Leistungen und der Produkte könnte eine Gliederung bspw. sein:
- Vetrieb von Strom und Gas
- Erbringung   energiewirtschaftlicher   Dienstleistungen (Abrechnungsservices, neue Energielösungen etc.)
- Transport und Verteilung von Strom und Gas
- Erneuerbare Energien aus Ressourcen wie Wasser, Wind und Sonne
- Stromerzeugung, Speicherung von Gas und der Handel mit Strom und Gas[16]

… eines Bauunternehmens: Die Abnehmerabgrenzung der Dienstleistungen eines Bauunternehmens könnte sich wie folgt zusammensetzen:
- Privatkunden
- Firmenkunden
- Vereine/ Organisationen

Ein näherer Blick auf die Leistungen lässt z.B. auf eine derartige Einteilung schließen:
- Neubauten/ An- und Umbauten
- Sanierungen/ Reparaturen
- Hoch- und Tiefbau
- Winterdienst
- Projektentwicklung

---

[16] Vgl. EnBW (2020), (16.03.20, 15:40)

Zusammenfassend bietet eine Geschäftsfeldstrategie viele Vorteile für ein Unternehmen, um spezifischer auf die unterschiedlichen Kundengruppen einzugehen. Bringt solch eine Abgrenzung auch Nachteile mit sich? Ja, auch Nachteile entstehen bei einer Abgrenzung der Geschäftsfelder. Um alle Zielgruppen zufriedenzustellen und die unterschiedlichen Geschäftsfelder zu bedienen, wird ein arbeits- und kostenintensiver Prozess in Gang gesetzt. Es benötigt verschiedene Marketingmaßnahmen, je nachdem welche Zielgruppe bzw. welchen Markt ein Unternehmen ansprechen möchte.

Außerdem wird bei der Analyse des eigenen Unternehmens immer vom aktuellen Zeitpunkt ausgegangen, das heißt von der aktuellen Strategie am zu bearbeitenden Markt. Ein Nachteil entsteht, weil dadurch kein Aufschluss über neue Geschäftsfelder entstehen kann und langfristig die Gefahr besteht, nicht mehr konkurrenzfähig zu sein und Marktanteile zu verlieren.

Des Weiteren lässt sich ein Nachteil beschreiben, welcher speziell bei Dienstleistungen auftritt, nämlich die Immaterialität von Dienstleistungen. Das zweidimensionale Abgrenzungsmodell wird bei der Erstellung einer Geschäftsfeldstrategie als strategisch unzureichend bewertet. Demnach hat im Jahre 1980 Derek F. Abell[17] ein dreidimensionales Abgrenzungsmodell entworfen. Das Modell soll mit Hilfe der Technologiekomponente strategischer als die zweidimensionale Abgrenzung auf die Aufgaben- und Tätigkeitsbereiche eingehen. Es gestaltet sich anspruchsvoll, dieses im Dienstleistungsbereich anzuwenden. Da eine Dienstleistung keine Technologiekomponente besitzt, muss diese im Erstellungsprozess erschlossen werden. Hierbei erforderlich ist ein variables und flexibles Technologieverständnis, damit der Ansatz von Abell auf die eigenen Dienstleistungsprozesse angewendet werden kann. Bei materiellen Gütern ist die Technologiekomponente sehr einfach darzustellen, z.B. das Betriebssystem eines Fernsehers. Hingegen bei Dienstleistungen muss eine ständige Flexibilität herrschen, die Technologiekomponente in den Erstellungsprozess einfließen zu lassen, um eine gewinnbringende Geschäftsfeldstrategie langfristig zu verfolgen. Das erhöht die Komplexität und stellt einen Nachteil bei der Erstellung der Geschäftsfeldstrategie in Bezug auf Dienstleistungen dar.[18]

---

[17] Vgl. Sutherland, J., Canwell, D. (2004), S.1
[18] Vgl. Meffert, H. et al. (2018), S.160

Literaturverzeichnis

Bruhn, M. (2019), Kommunikationspolitik (9. Auflage), München

Bruhn, M. (2014), Unternehmens- und Marketingkommunikation (3.Auflage), München

Corsten, H., Gössinger R. (2015), Dienstleistungsmanagement (6. Auflage), Berlin/Boston

Fließ, S. (2009), Dienstleistungsmanagement (1.Auflage), Wiesbaden

Lovelock, C.H. (1984), Services marketing. Text, cases & readings, Prentice-Hall, Englewood Cliffs, N.J.

Meffert, H., Bruhn M., Hadwich, K. (2018), Dienstleistungsmarketing (9. Auflage), Wiesbaden

Pepels, W. (2012), Servicemanagement (2.Auflage), Oldenbourg

Sutherland, J., Canwell D. (2004), Key Concepts in Management (1. Auflage), London

Internetquellenverzeichnis

EnBW (2020), Unsere operativen Segmente, Zugriff am 16.03.2020, Verfügbar unter https://www.enbw.com/unternehmen/konzern/ueber-uns/geschaeftsfelder/

Prof. Dr. Carolin Steinhauser (2014), Sollten Hotelkooperationen umdenken? Zugriff am 26.11.2019, Verfügbar unter https://opus4.kobv.de/opus4-srh/frontdoor/index/index/docId/369

BEI GRIN MACHT SICH IHR
WISSEN BEZAHLT

- Wir veröffentlichen Ihre Hausarbeit,
  Bachelor- und Masterarbeit

- Ihr eigenes eBook und Buch -
  weltweit in allen wichtigen Shops

- Verdienen Sie an jedem Verkauf

Jetzt bei www.GRIN.com hochladen
und kostenlos publizieren